COPENHAGUE

Les Musées de l'Etat et les Galeries particulières.

PEINTURES ET SCULPTURES

reproduites par le

Procédé inaltérable au Charbon

et éditées par la

MAISON AD. BRAUN & CIE

BRAUN, CLÉMENT & Cie, Succ^{rs}

DORNACH (Alsace), PARIS, 18, rue Louis-le-Grand (avenue de l'Opéra),
et NEW-YORK, 256, Fifth Avenue

1907

COPENHAGUE

Les Musées de l'Etat et les Galeries particulières.

PEINTURES ET SCULPTURES

reproduites par le

Procédé inaltérable au Charbon

et éditées par la

MAISON AD. BRAUN & CIE

BRAUN, CLÉMENT & Cie, Succ^{rs}

DORNACH (Alsace), PARIS, 18, rue Louis-le-Grand (avenue de l'Opéra).
et NEW-YORK, 256, Fifth Avenue

1906

COPENHAGUE

Les Musées de l'Etat et les Galeries particulières.

PEINTURES ET SCULPTURES

Reproduites par le Procédé inaltérable au Charbon.

Les dimensions et les prix des reproductions sont les suivants :

Format **Folio**, plaque 24×30 cm, sur carton de 40×55 cm,
désigné dans ce catalogue par la lettre **F**=Prix fr. 5.—

Format **Royal**, plaque 30×40 cm, sur carton de 54×70 cm,
désigné dans ce catalogue par la lettre **R**=Prix fr. 7.50

Format **Impérial**, plaque 44×57 cm, sur carton de 54×70 cm,
désigné dans ce catalogue par la lettre **I**=Prix fr. 15.—

Format **Extra**, plaque 65×80 cm, sur carton de 80×110 cm,
désigné dans ce catalogue par la lettre **E**=Prix fr. 50.—

GALERIE ROYALE DE TABLEAUX A COPENHAGUE

(Den Kongelige Malerisamling, Köbenhavn.)

44101	**Berchem, Claes.** Deux chevaux	F
44102	**Bizet, Carl-Emanuel.** Les joueurs	F
44103	**Bol, Ferdinand.** Les trois Marie au tombeau du Christ	I
44104	**Ter-Borch, Gerard.** Portrait d'homme	F
44105	— Portrait de femme	F
44106	— Portrait de femme, figure entière, debout	F
44107	**Both, Jan.** Paysage italien, le matin	I

GALERIE ROYALE DE TABLEAUX A COPENHAGUE.

44108	**Breughel, Pieter, le jeune.** Le conflit entre le Carême et le Carnaval	F
44109	— Le chemin du Calvaire.	I
44110	**Caravaggio, Michel-Angelo.** Les joueurs	I
44111	**Cristus, Petrus.** Un donateur protégé par Saint Antoine . .	F
44112	**Cornelisz van Ostsanen.** Jacob, David et Abigaïl	F
44113	**Cranach, Lucas.** Vénus et l'Amour	I
44114	— Le jugement de Pâris	I
44115	— Allégorie : La Mélancolie	I
44116	— Hercule au rouet	I
44117	**Cuyp, Aelbert.** Deux cavaliers dans un paysage	F
44118	**Deelen, Dirck van :** Une société en conversation devant un château	F
44119	**Dou, Gerrit.** La consultation du médecin	F
44120	— Jeune fille tenant une chandelle allumée	F
44121	**Dubbels, Hendrick.** Vaisseaux de guerre près de la côte . .	I
44122	**Duyster, Willem.** La visite de l'officier	F
44123	**Eliasz, Nicolas.** Portrait de dame, mi-corps	I
44124	**Elsheimer, Adam.** Tobie et l'Ange	F
44125	**Everdingen, Allart van :** Paysage avec cascade	I
44126	— Le ruisseau dans la forêt	F
44127	**Eyck, Jan van:** (Copie d'après). Jacoba de Bavière . . .	F
44128	**Goyen, Jan van:** Vue d'Arnheim	I
44129	— Le bac.	F
44130	**Hackaert, Jan.** Paysage de la Suisse méridionale.	I
44131	**Hagen, Joris van der :** Paysage traversé par une rivière . .	F
44132	**Hals, Dirk.** Réunion joyeuse	F
44133	— Le bal	F
44134	**Helst, Bartholomaeus van der:** Portrait d'homme	I
44135	— Portrait d'homme assis	I
44136	**Hooch. Pieter de:** Récréation avec musique et danse	I
44137	— Un concert d'amateurs	I
44138	**Huysum, Jan van:** Fleurs dans un vase	F
44139	**Moretto da Brescia.** Portrait d'homme	F

GALERIE ROYALE DE TABLEAUX A COPENHAGUE.

GALERIE ROYALE DE TABLEAUX A COPENHAGUE.

44171	— Portrait de jeune dame	I
44172	— Etude de tête. (Le père de l'artiste)	F
44173	— Tête de vieillard	F
44174	**Koninck, Salomon.** Dame lisant une lettre	F
44175	**Rubens, Petrus-Paulus.** Le jugement de Salomon	I
44176	— L'abbé Mathaeus Yrsselius	I
44177	— Portrait de François Ier de Toscane	F
44178	— Portrait de l'épouse de François Ier de Toscane	F
44179	— Le chemin du Calvaire, esquisse	F
44180	**Ruysdael, Jacob van:** La forêt de chênes	I
44181	— Paysage avec cascade	I
44182	— Paysage; le soir	F
44183	— Le chêne près de l'étang	F
44184	**Ruysdael, Salomon van:** La route longeant la rivière	I
44185	**Ryckaert, David.** Le concert	F
44186	**Silberechts, Jan.** Scène d'intérieur	F
44187	**Slingelandt, Pieter van:** Une famille hollandaise	F
44188	**Steen, Jan.** L'avare et la mort	F
44189	— Hommage à David vainqueur	I
44190	**Stoop, Maerten.** Joyeuse compagnie	F
44191	**Svanenburch, Jacob van:** Procession sur la place Saint-Pierre à Rome	F
44192	**Tiepolo, Domenico.** Institution de la Sainte Cène	I
44193	**Theotocopuli, Domenico,** dit **El Greco.** Portrait d'homme	I
44194	**Ecole allemande vers 1520 (Amberger?)** Un joueur de luth	F
44195	**Ecole allemande vers 1545 (G. Pencz?)** Portrait d'homme, mi-corps	I
44196	**Gossaert, Jan Mabuse (?)** Portrait d'homme, buste	F
44197	**Valckenborch, Lucas van:** Noces de paysans	F
44198	— Réunion joyeuse de paysans	F
44199	**Victors, Johannes.** Portrait de dame	I
44200	**Vlieger, Simon de:** La Meuse près Rotterdam	I
44201	**Wijck, Thomas.** Intérieur hollandais	F

GALERIE ROYALE DE TABLEAUX A COPENHAGUE.

44202   **Wijnants, Jan.** Dunes et forêt I

44203   **Haslund, Otto.** Le concert I
44204   — La leçon de tricot . . . . F

44205   **Holsoe, Carl.** Intérieur; jeune fille lisant . . . . F
44206   — Intérieur ; jeune fille cousant . . . . F

44207   **Paulsen, Julius.** Sainte Cécile I

44208   **Boilly, Louis.** Le cadeau I
44209   — L'Amour couronné de fleurs I

COLLECTION DE TABLEAUX DE LA GALERIE MOLTKE

(Den Moltkeske Malerisamling).

44210   **Cranach, Lucas, le vieux.** Portrait en buste d'un gentilhomme F

44211   **Kunstner, Tysk.** Portrait de Hiéronymus Bock, botaniste allemand F

44212   **Rubens, Petrus-Paulus.** Portrait en buste d'un moine dominicain I

44213   **Teniers, David, le jeune.** La saignée du porc ; festin flamand I
44214   — Intérieur rustique . . . . F
44215   — Intérieur flamand I
44216   — La cuisine I

44217   **Ryckaert, David** Le cordonnier dans sa boutique I

44218   **Bout, Pieter et Boudewijns, Adr.-Frans.** Foire d'un village
          flamand. (Le paysage par Boudewijns et les figures par
          Bout) . . . . F

44219   **Rembrandt van Rijn.** Portrait d'une dame âgée, buste . . . . I.E

44220   **Bol, Ferdinand.** Portrait d'un gentilhomme hollandais I
44221   — Portrait d'une dame assise, mi-corps I

44222   **Kick, Symon.** Retour de la chasse aux oiseaux I

44223   **Metsu, Gabriel.** La marchande endormie . . . . F

44224   **Mieris, Frans van, le vieux.** Portrait d'homme, buste . . . . F
44225   — La mère . . . . F

44226   **Ostade, Adriaen van:** Intérieur rustique . . . . F

COLLECTION DE TABLEAUX DE LA GALERIE MOLTKE.

44227	**Bega, Cornelis.** L'arracheur de dents	F
44228	**Diepraam, Abraham.** L'homme au bonnet rouge	F
44229	**Molenaer, Jan-Miense.** Mère et fils à leur frugal repas . . .	F
44230	**Goyen, Jan van:** Aux bords d'une rivière.	I
44231	**Ruysdael, Jacob van:** Paysage boisé avec cascade	I
44232	— Paysage	I
44233	— Paysage	I
44234	— Réunion de deux torrents	I
44235	**Hobbema, Meindert.** Paysage	I
44236	— Lisière de forêt	I
44237	**Wouverman, Philips.** La halte	F
44238	**Noordt, Joan van:** Paysage, ...	I
44239	**Dubbels, Hendrik.** Rade hollandaise	I
44240	**Greuze, Jean-Baptiste.** Buste de petite fille	R
44241	— Buste de jeune fille	R

COLLECTION MADSEN.

44242	**Neer, Aert van der:** Paysage boisé, traversé par une rivière	F
44243	**Rembrandt van Rijn.** Paysage	F

GALERIE DE TABLEAUX DE LA GLYPTOTHÈQUE.

44244	**Bloch, Carl-Heinrich.** Jésus à Gethsémani	I
44245	**Bastien-Lepage, Jules.** Le mendiant (Moderne 1143) . . .	F. I
44246	**Chaplin, Charles.** La lyre brisée	F
44247	**Corot, Jean-Baptiste-Camille.** Le sentier	I
44248	**Delaroche, Paul.** Portrait de Guizot	F
44249	**Carolus-Duran.** Portrait en buste de jeune fille	F
44250	**Millet, Jean-François.** La Mort et le bucheron	I
44251	**Madrazo, Raimondo.** Avant le bal	F
44252	**Palmaroli, Don Vincente.** Une sonate	F

GALERIE DE TABLEAUX DE LA GLYPTOTHÈQUE.

44253	Ecole de Memling. L'Adoration des mages	F
44254	Weyden, Roger van der: La Madone avec l'Enfant	F
44255	Rubens, Petrus-Paulus. La Sainte Famille; grisaille	F
44256	Hals, Frans, le vieux. Portrait de Descartes, buste . . .	F
44257	Rembrandt van Rijn. Jeune homme lisant	F.I
44258	Ruysdael, Salomon van: Embouchure d'une rivière	F
44259	Tiepolo, Giovanni-Battista. Antoine conduit Cléopâtre à bord. (Etude pour la fresque du Palais Labbia à Venise) . . .	F
44260	Cranach, Lucas, le vieux. Portrait de dame, mi-corps . . .	F

LE MUSÉE THORVALDSEN A COPENHAGUE.
SCULPTURES.

Thorvaldsen, Bertel. 19 Novembre 1770. †24 Mars 1844 Copenhague.

44261	**Statue.** Mercure se préparant à tuer Argus	I
44262	— Vénus avec la pomme qui lui est dévolue par Pâris . . .	I
44263	— Les Grâces avec la flèche de Cupidon, groupe	I
44264	— Ganymède abreuvant l'aigle de Jupiter	I
44265	— Thorvaldsen, dans sa soixante-dixième année, s'appuyant sur la statue de l'Espérance	I
44266	**Bas-relief.** Apollon, les Muses et les Grâces	I
44267	— La Nuit, portant dans ses bras la Mort et le Sommeil . .	I
44268	— Le Jour. Aurore avec le génie de la lumière	I
44269	— L'Eté. Cupidon avec cygne et enfants cueillant des fruits	F
44270	— L'Automne. Cupidon et Bacchus enfants foulant du raisin	F
44271	— Une bergère avec un nid d'amours	I
44272	— Les Ages de l'Amour	I
44273	— Les adieux d'Hector à Andromaque	I
44274	— Les Grâces écoutant le chant de Cupidon	I
44275	**Tableau d'Horace Vernet.** Thorvaldsen travaillant au buste de Vernet	I

SCULPTURES DE L'ÉGLISE DE NOTRE-DAME

Copenhague. Fruekirke.

Thorvaldsen, Bertel. 19 Novembre 1770. † 24 Mars 1844 Copenhague.

44276	**Statue.**	Le Christ	F.I.E
44277	—	Ange au bénitier	F.I.E
44278	—	L'apôtre Saint Jean	F
44279	—	L'apôtre Saint Philippe	F
44280	—	L'apôtre Saint Simon	F
44281	—	L'apôtre Saint Jacques le Majeur	F
44282	—	L'apôtre Saint André	F
44283	—	L'apôtre Saint Jude-Thaddée	F
44284	—	L'apôtre Saint Paul	F
44285	—	L'apôtre Saint Pierre	F
44286	—	L'apôtre Saint Mathieu	F
44287	—	L'apôtre Saint Bartholomé	F
44288	—	L'apôtre Saint Jacques le Mineur	F
44289	—	L'apôtre Saint Thomas	F
44290	**Bas-relief.**	L'Ange gardien	F
44291	—	Le baptême du Christ	F
44292	—	La Sainte Cène	F
44293	—	La Charité	F

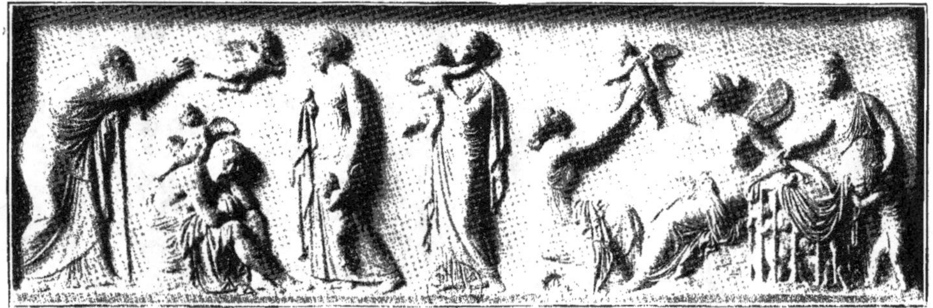

44272

THORVALDSEN

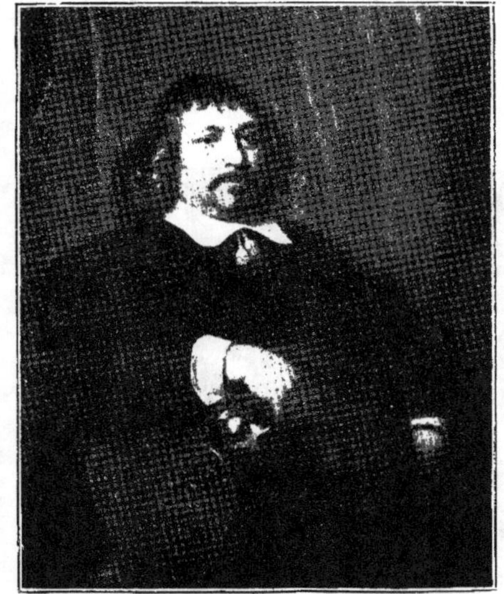

44185

B. VAN DER HELST

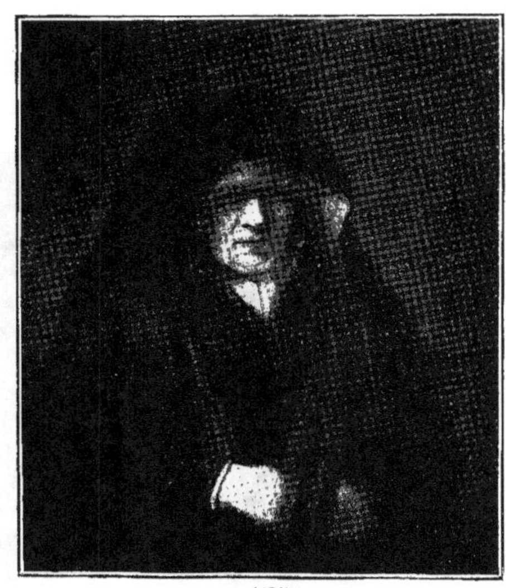

44219

REMBRANDT

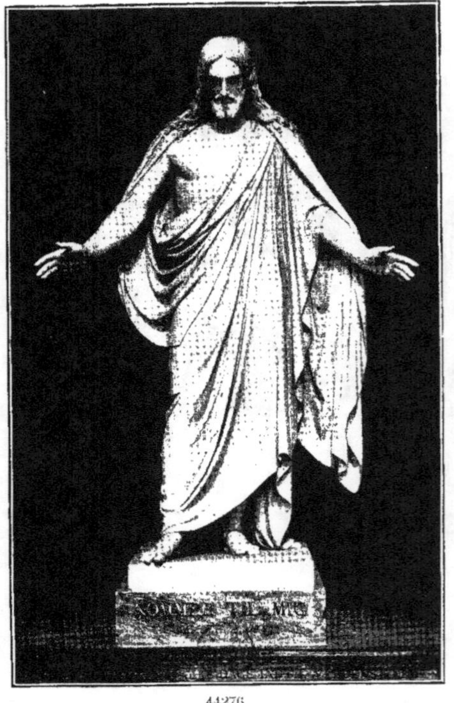

44276

THORVALDSEN

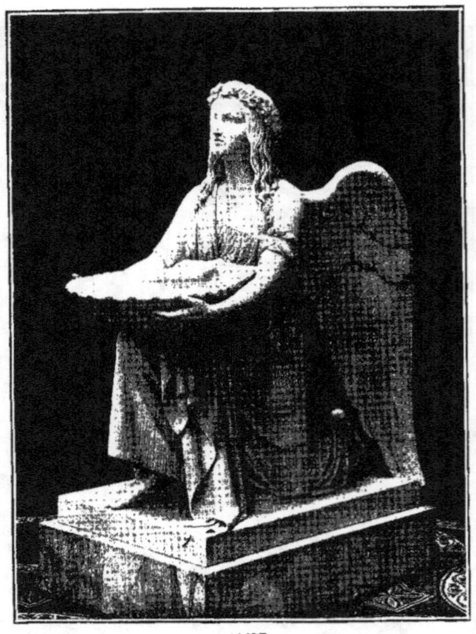

44277

THORVALDSEN

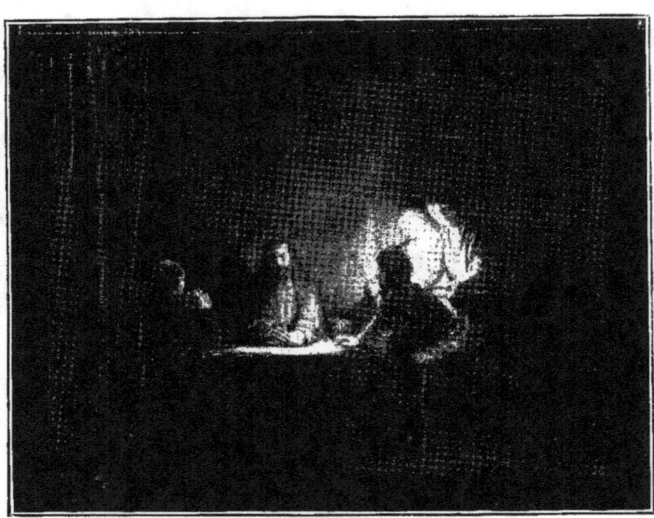

44169

REMBRANDT

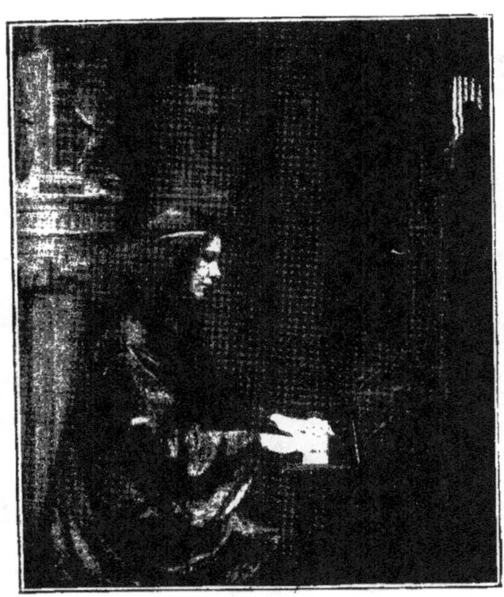

JULIUS PAULSEN

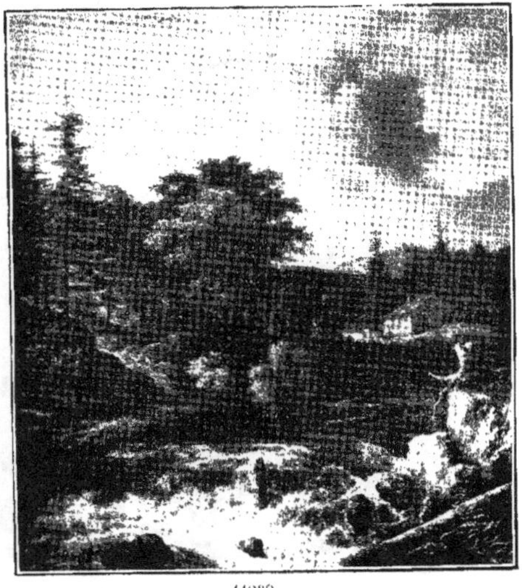

J. VAN RUYSDAEL

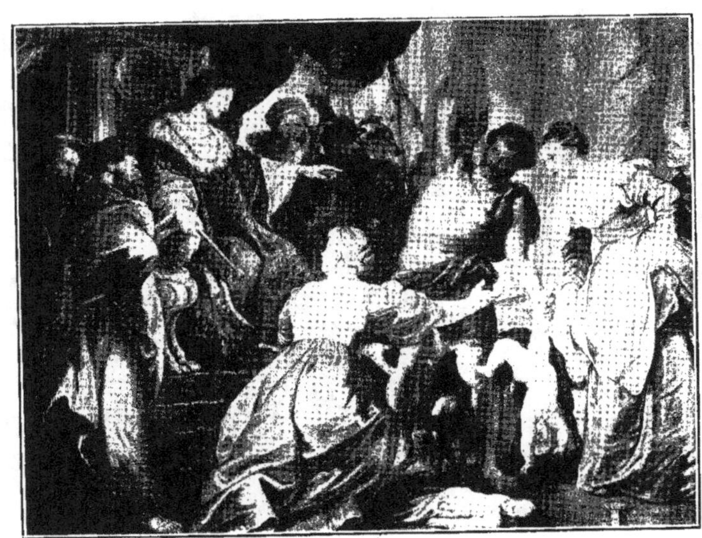

P.-P. RUBENS

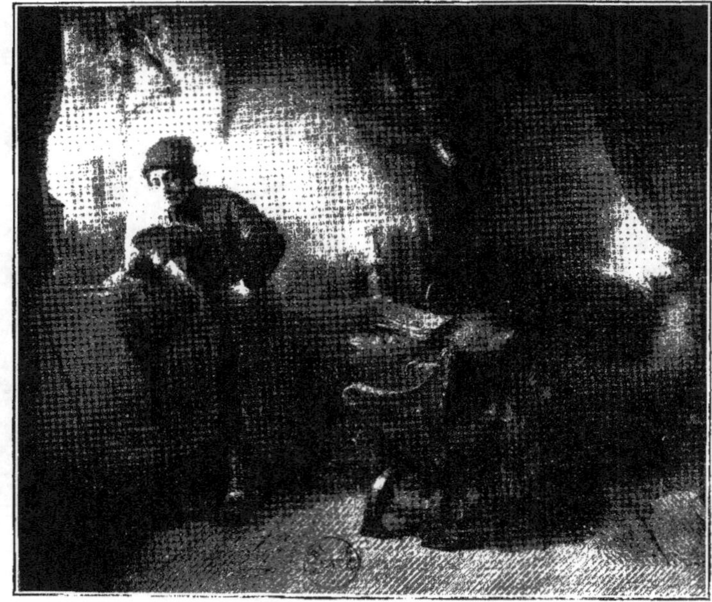

44257

REMBRANDT

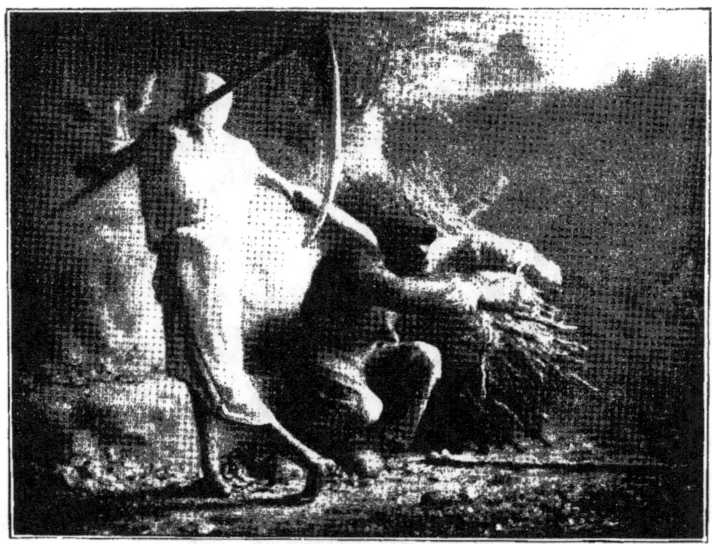

44250

J.-F. MILLET

Publications de la Maison Ad. Braun & Cie

BRAUN, CLÉMENT & CIE, SUCC^{RS}

DORNACH (Alsace), PARIS et NEW-YORK

I. Peintures des Grands Maîtres Anciens.

AIX	Le Musée Municipal et Musée Granet.
AMSTERDAM . .	Le Musée de l'Etat, avec texte par M. D.-O. Obreen, Directeur.
,, . .	La Galerie Six.
ANGERS	Le Musée Municipal.
ANVERS	Les Peintures du Musée Municipal, avec **texte** par M. Genard. Archiviste de la ville d'Anvers.
,, ...	Les Tableaux de la Cathédrale et de l'église Saint-Jacques.
,, ...	Exposition Van Dyck 1899.
BALE	La Galerie des tableaux du Musée.
BERLIN	Les Tableaux de l'Exposition à l'Académie des Beaux-Arts en 1883.
,, ...	La Galerie des Musées Royaux, avec texte par le Directeur Dr W. Bode.
BESANÇON . . .	La Galerie Municipale et les tableaux de la Basilique de Saint-Jean.
BRUGES	Les Peintures de l'Hôpital Saint-Jean et des Musées des Hospices.
,, ...	Exposition des Primitifs Flamands et d'Art Ancien, à Bruges en 1902.
BRUXELLES . . .	Les Tableaux anciens du Musée.
BUDAPEST . . .	Les Peintures de la Galerie Hongroise.
CAEN	Le Musée Municipal.
CHANTILLY . . .	Les Peintures du Musée Condé au château de Chantilly.
COLMAR	Le Musée Municipal et les Peintures de l'Eglise Saint-Martin.
DIJON	Le Musée Municipal.
DRESDE	La Galerie Royale, avec texte par le Directeur Dr K. Wœrmann.
EDIMBOURG . .	La Galerie Nationale d'Ecosse.
FLORENCE . . .	L'Académie des Beaux-Arts, avec texte par le Professeur Ad. Venturi.
,, ...	La Galerie des Offices, avec texte par Césare Rigoni, Inspecteur de la Galerie.
,, ...	La Galerie du Palais Pitti, avec texte par le Professeur Ad. Venturi.
,, ...	Les Fresques des Eglises.
FRANCFORT-S/M	La Galerie du Musée Städel.
GLASGOW	Les Galeries Municipales de Glasgow.
GRENOBLE . . .	Le Musée Municipal.
HARLEM	Le Musée Municipal, avec texte par G. Lafenestre.
HAMPTON-COURT	Le Triomphe de Jules César, par Andr. Mantegna.
LA HAYE	La Galerie Royale.
LONDRES	La Galerie Royale de Buckingham Palace.
,, ...	La Galerie Nationale.
,, ...	Les Cartons de Raphaël au Musée de South Kensington.
,, . . .	Les Galeries particulières en Angleterre.
LUGANO	Les Fresques de l'Eglise Sainte-Marie-des-Anges et du Cloître Bigorio.
LYON	Le Musée Municipal.
MADRID	L'Académie Saint-Ferdinand.
,, ...	Le Musée du Prado.
MARSEILLE . . .	Le Musée Municipal.
MILAN	Les Peintures de la Pinacothèque Royale (Palais Brera).
,, ...	La Sainte Cène du Leonardo, au Cloître de Santa Maria delle Grazie.
MONTPELLIER .	Le Musée Fabre et la Collection d'Albenas.
NANTES	Le Musée Municipal.

PARIS	La Galerie du Prince Czartoryski.
,, ...	Le Musée National du Louvre.
,, ...	Le Musée National du Luxembourg.
,, ...	Les Portraits Nationaux au Palais du Trocadéro.
,, ...	Les Primitifs Français exposés au Pavillon de Marsan à Paris, en 1904.
St-Pétersbourg	La Galerie Impériale de l'Ermitage, avec texte par le Dr W. Bode.
,,	La Galerie des Peintures de S. A. le Prince Youssoupoff.
Pise	Les Peintures du Campo Santo.
Rome	Les Galeries de Rome : Galerie Barberini, Borghese, Corsini, Doria, Sciarra, Torlonia, l'Académie de Saint-Luc, la Galerie du Capitole, la Pinacothèque du Vatican, la Sacristie de Saint-Pierre, le Palais Rospigliosi, avec texte par le Professeur Ad. Venturi.
,, ...	Le Palais de la Farnesina.
,, ...	Le Palais du Vatican, la Chapelle Sixtine, les Loges et les Chambres.
,, ...	Les Fresques des Eglises Saint-Clément, Sainte-Marie-de-la-Paix et du Cloître Saint-Onofrio.
Soleure	Le Musée de Soleure et la Galerie Zetter.
Venise.	L'Académie Royale des Beaux-Arts, avec texte par le Professeur Ad. Venturi.
Versailles . .	Le Musée National.
Vienne	La Galerie du Prince Liechtenstein.
,, ...	Les Peintures des Musées Impériaux.
Windsor	La Galerie du Château Royal.

Œuvres choisies des Maîtres anciens.

Œuvres choisies des Maîtres du XIXme siècle.

II. Dessins et Gravures des Grands Maîtres Anciens. – Les Musées, les Galeries et les Collections de Bâle, Besançon, Chatsworth, Dresde, Florence, Lille, Londres, Milan, Oxford, Paris, Venise, Vienne, Weimar et Windsor.

III. Galerie des Œuvres des Artistes Contemporains. — 8000 peintures des Salons annuels de Paris.

IV. Architectures et Sculptures. — Spécimens d'Architecture et Sculpture antiques et modernes.

V. Héliogravures. — Choix de peintures classiques et modernes.

Catalogue des tableaux des Maîtres Anciens.

Catalogue de la Galerie Contemporaine.

Catalogue des Formats Extra et Exceptionnels.